мактаб - school   2
саёҳат - travel   5
нақлиёт - transport   8
шаҳр - city   10
ландшафт - landscape   14
тарабхона - restaurant   17
супермаркет - supermarket   20
нӯшокиҳои - drinks   22
таъом - food   23
ферма - farm   27
хона - house   31
мехмонхона - living room   33
ошхона - kitchen   35
ҳамом - bathroom   38
ҳучраи кӯдакона - child's room   42
либос - clothing   44
идора - office   49
иқтисодиёт - economy   51
касбҳо - occupations   53
асбобҳо - tools   56
асбобҳои мусиқӣ - musical instruments   57
боғи ҳайвонот - zoo   59
варзиш - sports   62
фаъолият - activities   63
оила - family   67
бадан - body   68
бемористон - hospital   72
ҳолати фавқулодда - emergency   76
замин - Earth   77
вақт - clock   79
ҳафта - week   80
сол - year   81
баст - shapes   83
рангҳо - colours   84
мухолифат - opposites   85
ададҳо - numbers   88
забонҳо - languages   90
ки / чиро / тавр - who / what / how   91
дар кучо - where   92

Impressum
Verlag: BABADADA GmbH, Nedderfeld 112 , 22529 Hamburg
Geschäftsführer / Verlagsleitung: Harald Hof
Druck: Books on Demand GmbH, In de Tarpen 42, 22848 Norderstedt

Imprint
Publisher: BABADADA GmbH, Nedderfeld 112 , 22529 Hamburg, Germany
Managing Director / Publishing direction: Harald Hof
Print: Books on Demand GmbH, In de Tarpen 42, 22848 Norderstedt

мактаб

school

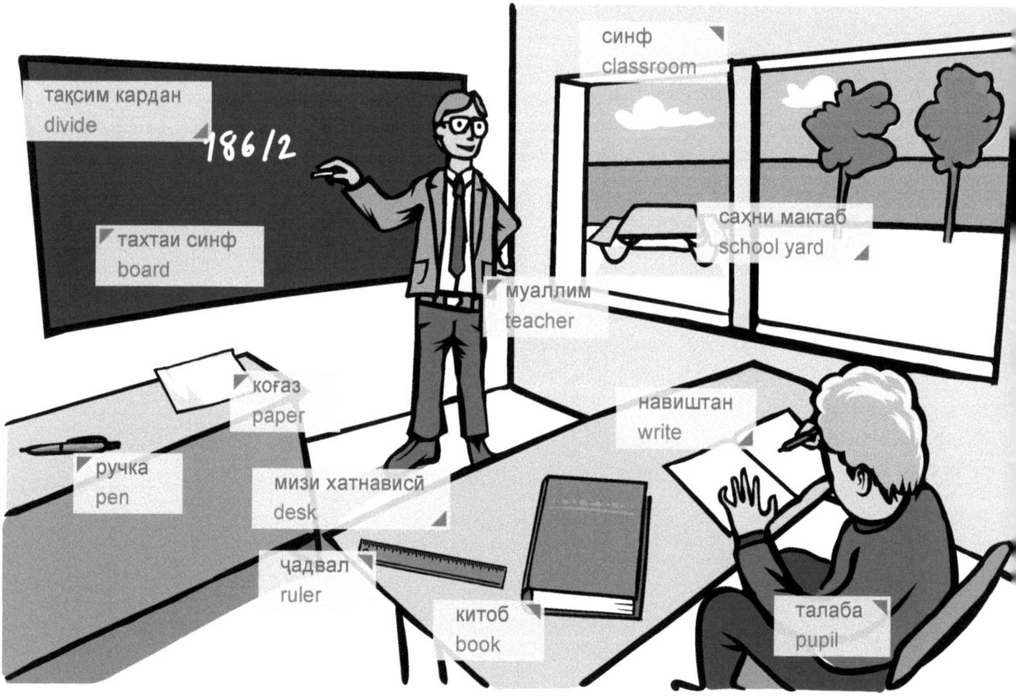
синф
classroom
тақсим кардан
divide
186/2
тахтаи синф
board
саҳни мактаб
school yard
муаллим
teacher
коғаз
paper
навиштан
write
ручка
pen
мизи хатнависӣ
desk
ҷадвал
ruler
китоб
book
талаба
pupil

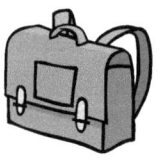

ҷузвдон

satchel

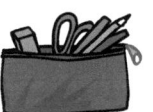

қаламдон

pencil case

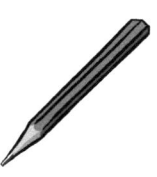

қалам

pencil

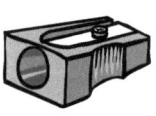

қаламтезкунак

pencil sharpener

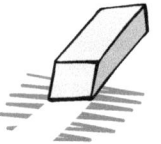

хаткуркунак

rubber

блокноти расмкашӣ

drawing pad

расм

drawing

мӯқалами рассомӣ

paintbrush

қуттии рангҳо

paint box

қайчӣ

scissors

ширеш

glue

дафтари машқ

exercise book

вазифаи хонагӣ

homework

рақам

number

ҷамъ кардан

add

кам кардан

subtract

зарб задан

multiply

ҳисоб кардан

calculate

ҳарф

letter

алфавит

alphabet

калима

word

матн

text

хондан

read

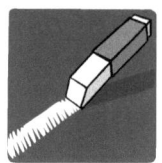

бӯр

chalk

дарс

lesson

журнали синфӣ

register

имтиҳон

exam

шаҳодатнома

certificate

либоси мактабӣ

school uniform

таҳсил/маориф

education

энсиклопедия

encyclopedia

донишгоҳ

university

микроскоп (more frequently used)

microscope

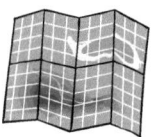

харита

map

сабади партофҳои коғазӣ

waste-paper basket

саёҳат
travel

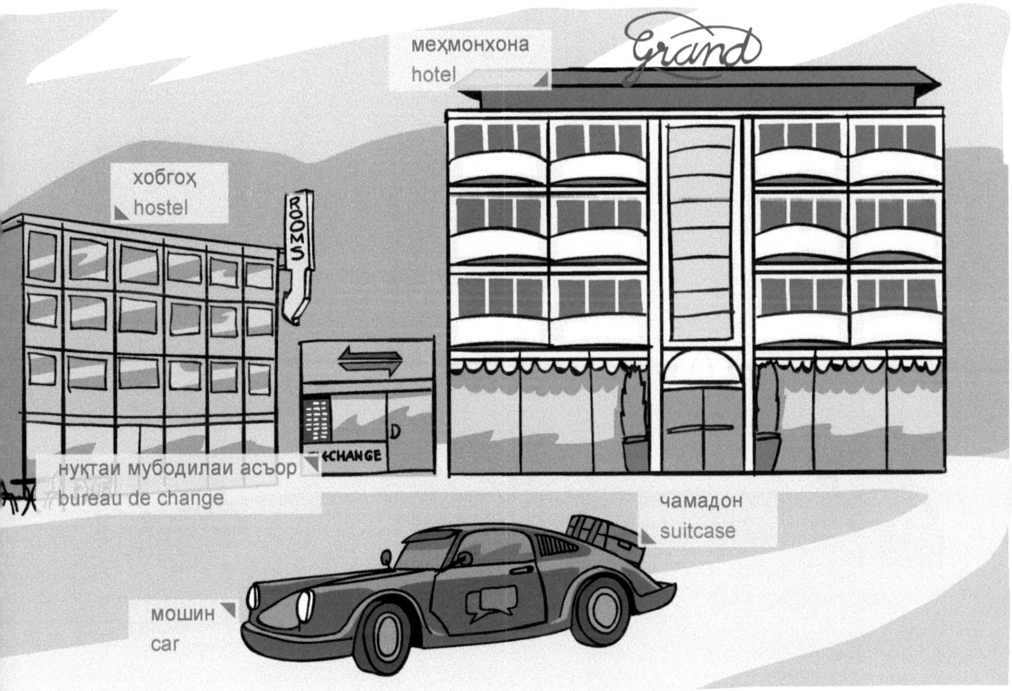

Grand
меҳмонхона
hotel
хобгоҳ
hostel
ROOMS
CHANGE
нуқтаи мубодилаи асъор
bureau de change
чамадон
suitcase
мошин
car

забон

language

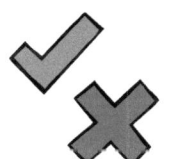

ҳа / не

yes / no

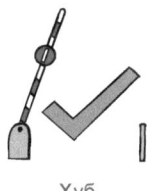

Хуб

Okay

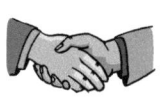

Ассалому алейкум

hello

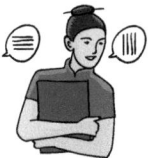

тарҷумон

translator

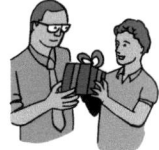

Раҳмат

Thank you

чй қадар аст ...?

how much is...?

Ман намефаҳмам

I do not understand

проблема

problem

шаб ба хайр!

Good evening!

субҳ ба хайр

Good morning!

шаби хуш

Good night!

хайр

bye bye

равона

direction

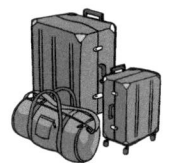

бағоҷ

luggage

ҷузвдон

bag

борхалта

backpack

меҳмон

guest

хона

room

хобхалта

sleeping bag

хайма

tent

маълумоти сайёҳӣ

tourist information

соҳил

beach

корти кредитӣ

credit card

наҳорӣ

breakfast

хӯроки пешин

lunch

хӯроки шом

dinner

чипта

ticket

лифт

lift

марка

stamp

сарҳад

border

Гумрук

customs

сафорат

embassy

раводид

visa

шиносмома

passport

саёҳат - travel

наклиёт

transport

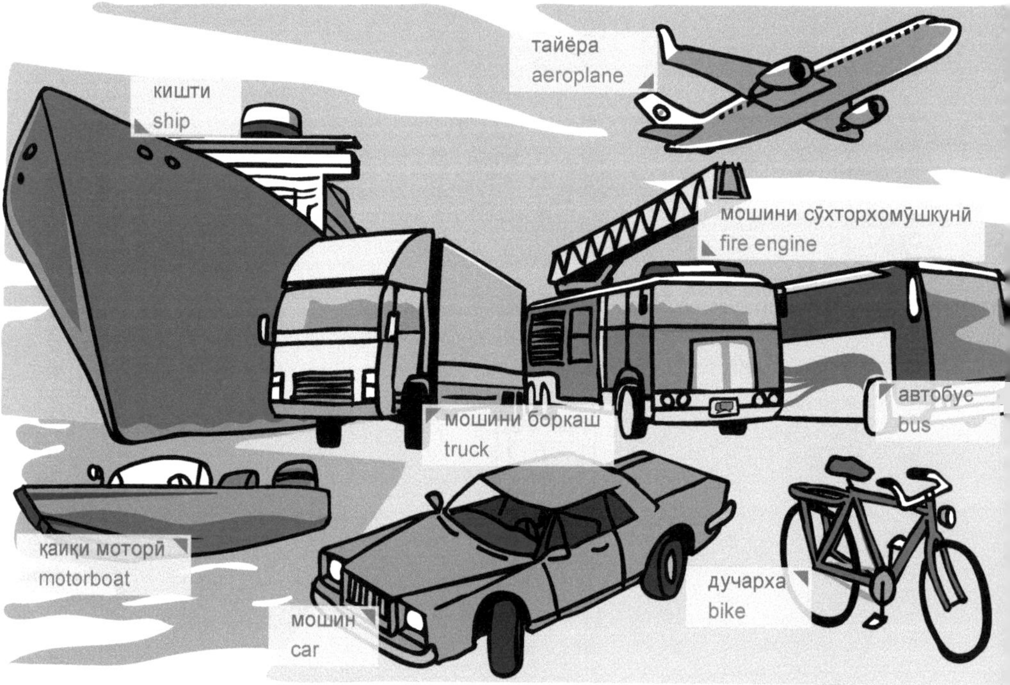
тайёра
aeroplane
кишти
ship
мошини сӯхторхомӯшкунӣ
fire engine
автобус
bus
мошини боркаш
truck
қаиқи моторӣ
motorboat
мошин
car
дучарха
bike

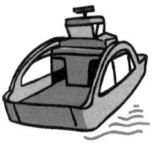

паром

ferry

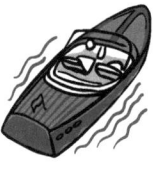

қаиқ

boat

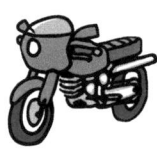

мотосикл

motorbike

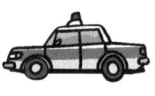

мошини полис

police car

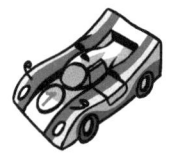

мошини тезрави пойгаи

racing car

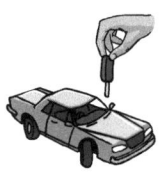

кирояи мошинҳо

rental car

амроҳ истифодабарии мошин
car sharing

эвакуатор
breakdown truck

павтовҷамъкунӣ
refuse truck

муҳаррик
motor

сӯзишворӣ
fuel

нуқтаи фурӯши сӯзишворӣ
petrol station

аломати роҳ
traffic sign

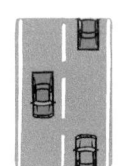

ҳаракат
traffic

бандшавии ҳаракати роҳ
traffic jam

ҷои исти мошинҳо
car park

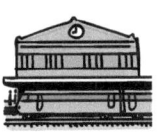

истгоҳи роҳи оҳан
train station

роҳи оҳан
tracks

қатора
train

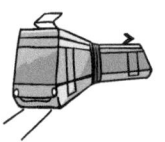

тамвай
tram

вагон
carriage

чархбол

helicopter

фурудгоҳ

airport

манора

tower

мусофир

passenger

контейнер

container

щутии картонӣ

carton

ароба

cart

сабад

basket

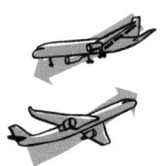

гирифтан / замин

take off / land

шаҳр
city

деҳа

village

маркази шаҳр

city centre

хона

house

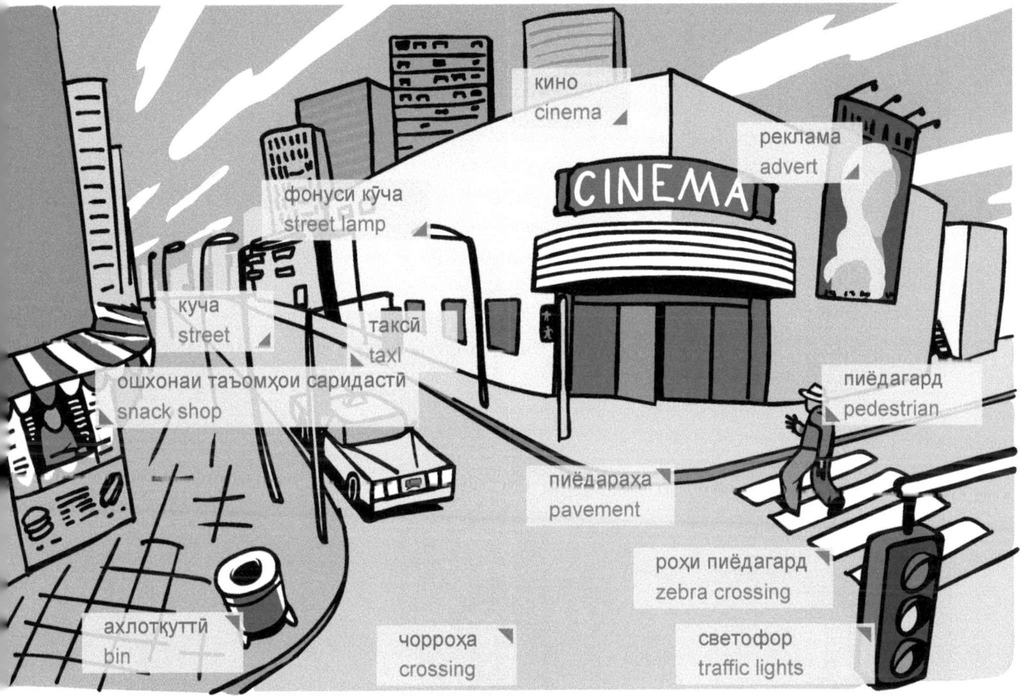
кино
cinema
CINEMA
реклама
advert
фонуси кӯча
street lamp
куча
street
таксӣ
taxi
ошхонаи таъомҳои саридастӣ
snack shop
пиёдагард
pedestrian
пиёдараҳа
pavement
роҳи пиёдагард
zebra crossing
ахлотқуттӣ
bin
чорроҳа
crossing
светофор
traffic lights

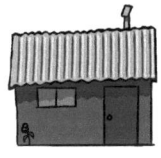

кулба

hut

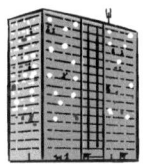

ҳамвор

flat

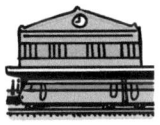

истгоҳи роҳи оҳан

train station

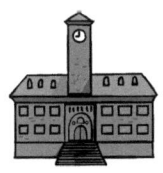

бинои маъмурияти шаҳр

town hall

MUSEUM

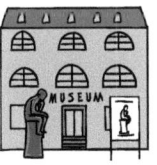

осорхона

museum

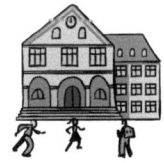

мактаб

school

донишгоҳ

university

бонк

bank

бемористон

hospital

меҳмонхона

hotel

доухона

pharmacy

идора

office

сехи китоб

book shop

сехи

shop

мағозаи гулфурӯшӣ

florist's

супермаркет

supermarket

бозор

market

универмаг

department store

мағозаи моҳифурӯшӣ

fishmonger's

маркази савдо

shopping centre

бандар

harbour

парк

park

бонк

bench

пул

bridge

зинапоя

stairs

метро

underground

нақби

tunnel

истгоҳи автобус

bus stop

бар

bar

тарабхона

restaurant

қуттии почта

postbox

аломати номи кӯчаҳо

street sign

ҳисобкунаки исти мошинҳо

parking meter

боғи ҳайвонот

zoo

ҳавзи шиноварӣ

swimming pool

масҷид

mosque

ферма

farm

ифлоскунй

pollution

қабристон

graveyard

калисо

church

майдончаи бозй

playground

маъбад

temple

ландшафт
landscape

барг
leaf

аломати роҳнамо
signpost

роҳ
way

алафзор
meadow

санг
stone

сайёҳ
hiker

дарахт
tree

дарё
river

алаф
grass

гул
flower

водӣ

valley

кӯҳ

hill

кул

lake

беша

forest

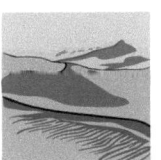

биёбон

desert

вулкан

volcano

қалъа

castle

рангинкамон

rainbow

занбӯруғ

mushroom

дарати нахп

palm tree

хомӯшак

mosquito

паридан

fly

мурча

ant

занбӯр

bee

тортанак

spider

гамбӯсак

beetle

қурбоққа

frog

санҷоб

squirrel

хорпушт

hedgehog

харгӯш

hare

бум

owl

парранда

bird

мурғи қу

swan

хуки ваҳшӣ

boar

оху

deer

гавазн

moose

сарбанд

dam

турбина шамол

wind turbine

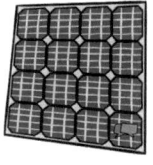

панел офтобй

solar panel

иқлим

climate

тарабхона
restaurant

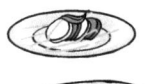

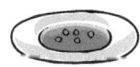

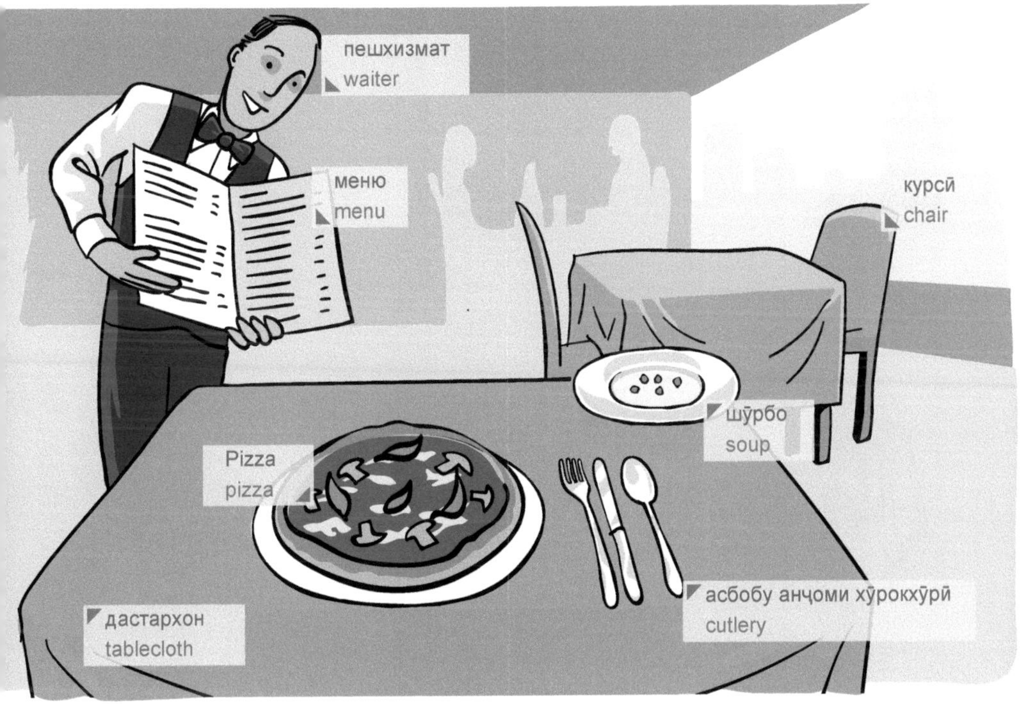

пешхизмат
waiter
меню
menu
курсӣ
chair
шӯрбо
soup
Pizza
pizza
асбобу анҷоми хӯроккӯрӣ
cutlery
дастархон
tablecloth

стартер/корандоз

starter

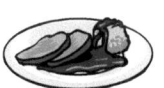

хӯроки асосӣ

main course

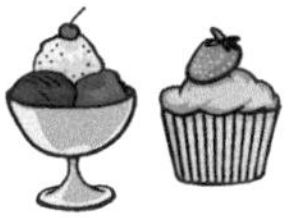

десерт

dessert

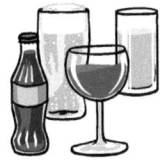

нӯшокиҳои

drinks

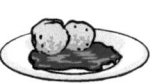

таъом

food

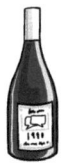

шиша

bottle

Хӯроки Тез Таёр мешуда

fast food

хӯроки кӯчагӣ

street food

чойник

teapot

шакардон

sugar bowl

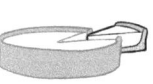

қисм/порча

portion

мошини espresso

espresso machine

курсии кӯдакона

high chair

ҳисоб

bill

зарфмонак

tray

корд

knife

чангол

fork

қошуқ

spoon

қошуқча

teaspoon

сачоқи қоғазӣ

serviette

истакон

glass

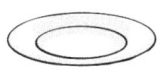

табақча

plate

косача

soup plate

тақсимча

saucer

соус

sauce

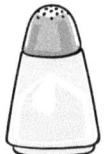

намакдон

salt pot

мурчдон

pepper mill

сирко

vinegar

равғани растанӣ

oil

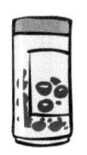

приправа

spices

кетчуп

ketchup

хардал

mustard

майонез

mayonnaise

супермаркет
supermarket

пешниҳоди махсус
special offer
FOR
мизоҷ
customer
шир
dairy
мева
fruit
аробача
trolley

BUTCHERS

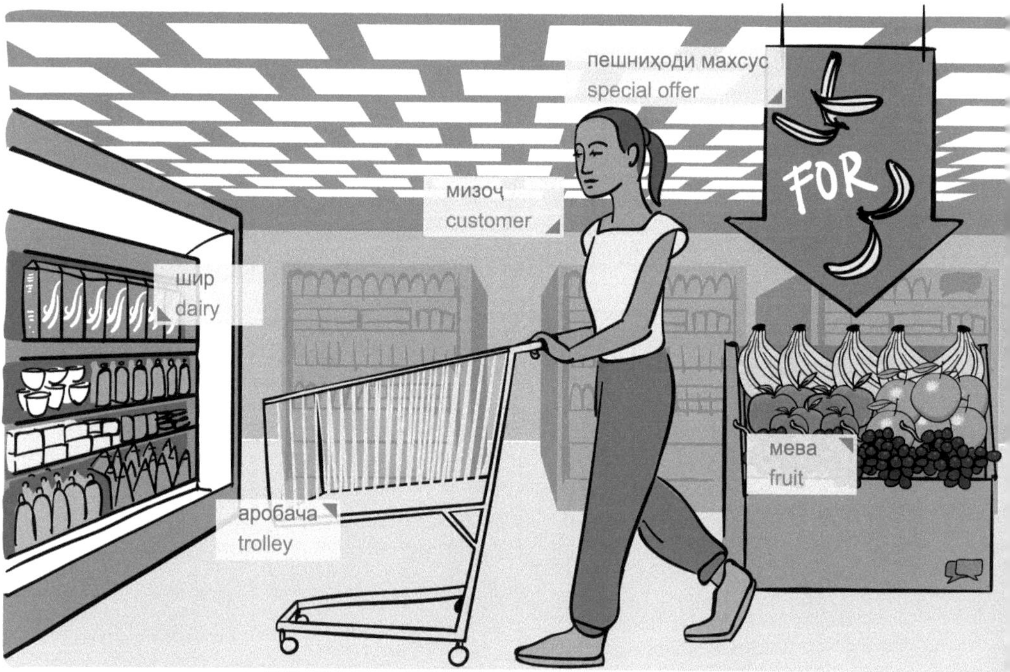

дукони гӯштфурӯшӣ

butcher´s

BAKERY

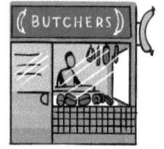

дукони нонфурӯшӣ

baker´s

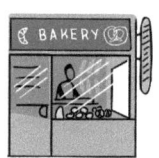

баркашидан

weigh

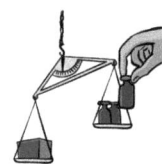

сабзавот

vegetables

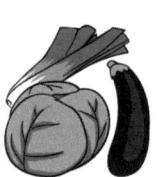

гӯшт

meat

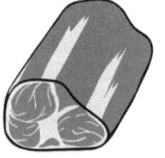

хӯроки яхбаста

frozen food

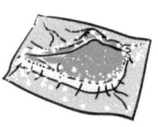

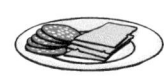

лимҳои борик буридаи
гушт
....
cold meat

озуќаворї
консервонидашуда
....
tinned food

хокаи либосшўй
....
washing powder

ширинӣ
....
sweets

асбоби рӯзгор
....
household products

воситаҳои тозакунанда
....
cleaning products

фурӯшанда
....
salesperson

касса
....
till

кассир
....
cashier

рӯйхати харидкунӣ
....
shopping list

соат ифтитоҳи
....
opening hours

ҳамён
....
wallet

корти кредитӣ
....
credit card

ҷузздо
....
bag

пакет
....
plastic bag

об

water

шарбат

juice

шир

milk

кола

coke

шароб

wine

оби ҷав

beer

машрубот

alcohol

какао

cocoa

чой

tea

қаҳва

coffee

эспрессо

espresso

каппучино

cappuccino

банан

banana

себ

apple

норанҷӣ

orange

харбуза

melon

лимӯ

lemon

сабзӣ

carrot

сир

garlic

бамбук

bamboo

пиёз

onion

занбӯруғ

mushroom

чормағз

nuts

угро

noodles

спагеттй

spaghetti

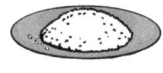

биринҷ

rice

салат

salad

картошкаи қоқак

chips

картошкабирён

fried potatoes

Pizza

pizza

гамбургер

hamburger

бутербурод

sandwich

шнитсел

cutlet

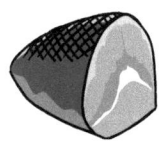

гӯшти намакардаи хук

ham

ҳасиби салямй

salami

ҳасиб

sausage

мурғ

chicken

кабоб

roast

моҳй

fish

ярмаи ҷав

porridge oats

омехтаи ғалладонагӣ

muesli

ярмаи ҷуворимакка

cornflakes

орд

flour

кулчақанд

croissant

кулчақанд

bread roll

нон

bread

як порча нони бирён

toast

кулчачаҳои қандин

biscuits

маска

butter

творог

curd

пирог

cake

тухм

egg

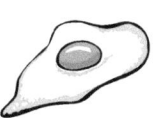

тухм бирён

fried egg

панир

cheese

яхмос

ice cream

шакар

sugar

асал

honey

мураббо

jam

хамираи ҳалво

chocolate spread

Curry

curry

ферма

farm

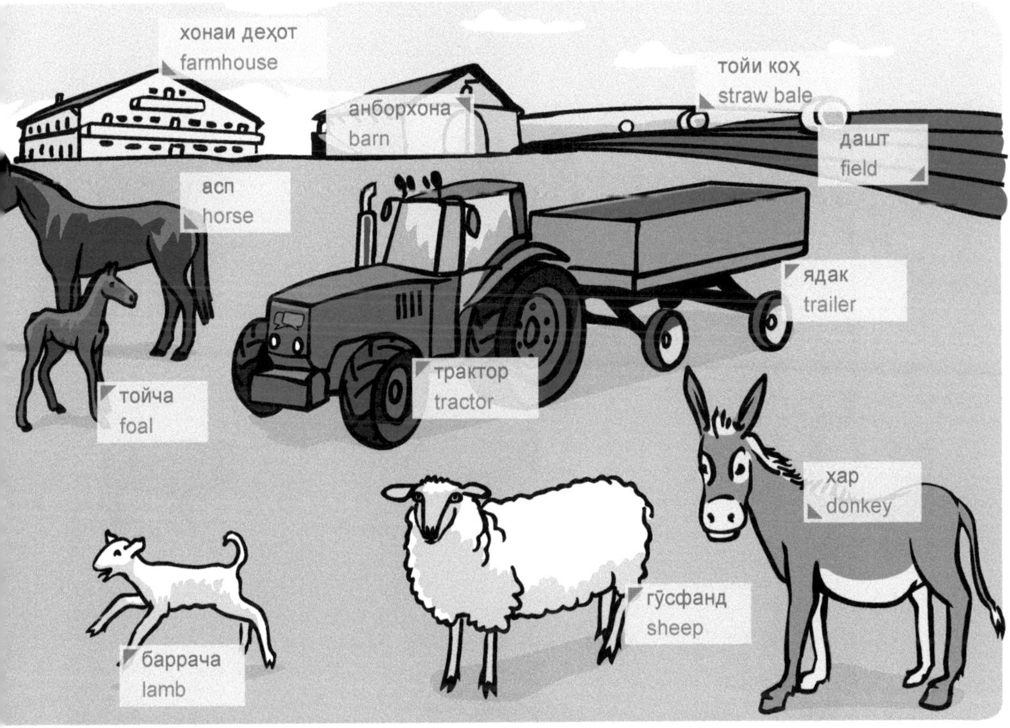

хонаи деҳот
farmhouse
анборхона
barn
тойи коҳ
straw bale
дашт
field
асп
horse
ядак
trailer
трактор
tractor
тойча
foal
хар
donkey
гӯсфанд
sheep
баррача
lamb

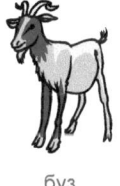

буз

goat

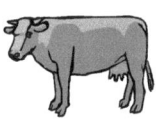

гов

cow

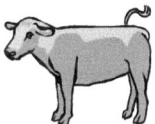

гӯсола

calf

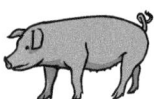

хук

pig

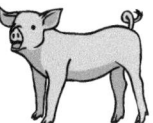

хукча

piglet

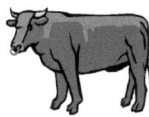

буққа

bull

қоз

goose

мурғобӣ

duck

чӯча

chick

мурғ

hen

хурӯс

cock

каламуш

rat

гурба

cat

муш

mouse

барзагов

ox

саг

dog

хоначаи саг

doghouse

рӯдаи резинӣ

garden hose

камобӣ метавонад

watering can

дос

scythe

сипори шудгоркунии замин

plough

доси

sickle

каланд

hoe

панҷшоха

pitchfork

табар

axe

ароба

wheelbarrow

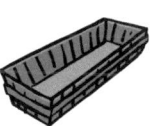

охур

trough

зарфи ширгирй

milk can

халта

sack

девор

fence

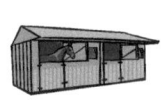

мӯътадип

stable

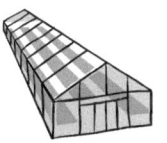

гармхона

greenhouse

хок

soil

тухмй

seed

нуриҳо

fertilizer

комбайни ғаллағундорй

combine harvester

ҳосил

harvest

ҳосил

harvest

yams

yams

гандум

wheat

лубиж

soy

картошка

potato

ҷуворӣ

corn

донаи маъсар

rapeseed

дарахти мева

fruit tree

manioc

cassava

ғалладона

cereals

хона

house

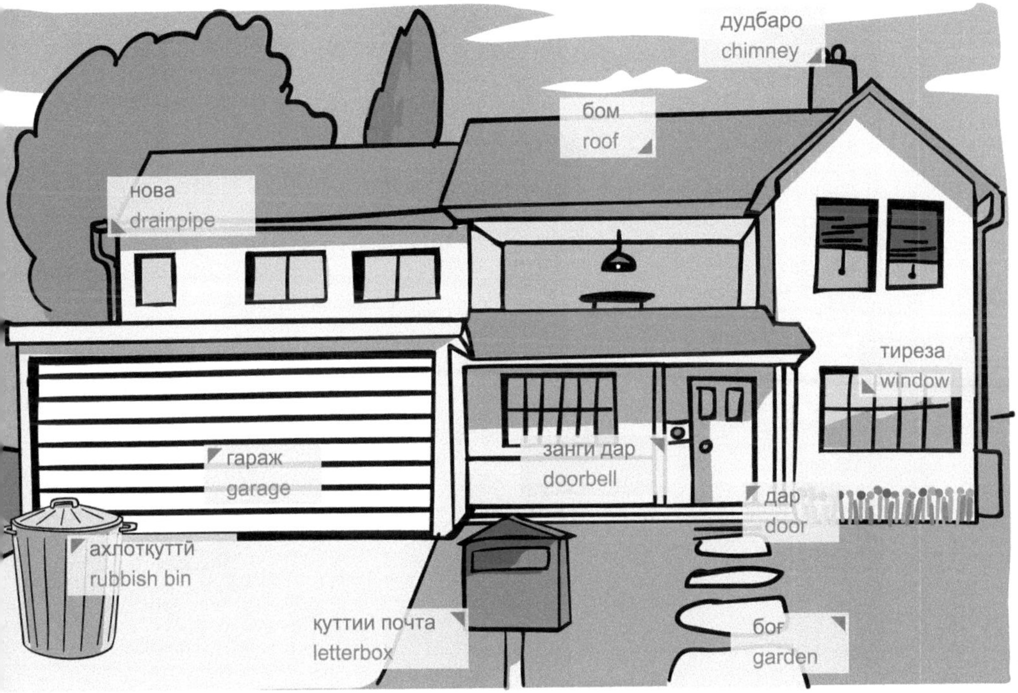
дудбаро
chimney
бом
roof
нова
drainpipe
тиреза
window
гараж
garage
занги дар
doorbell
дар
door
ахлотқуттӣ
rubbish bin
қуттии почта
letterbox
боғ
garden

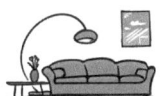

мехмонхона

living room

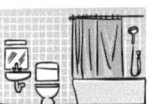

ҳамом

bathroom

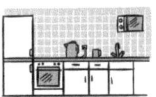

ошхона

kitchen

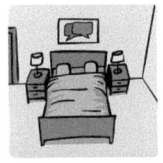

хонаи хоб

bedroom

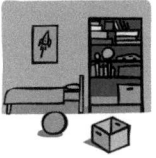

ҳуҷраи кӯдакона

child's room

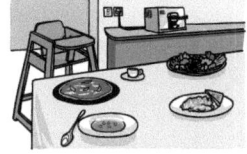

ошхона

dining room

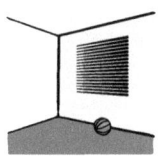

ошёна

floor

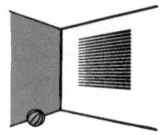

девор

wall

шифт

ceiling

тагзаминӣ

cellar

сауна

sauna

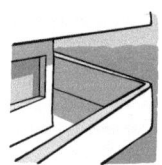

балкон

balcony

суфача

terrace

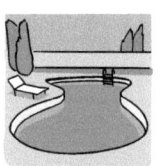

ҳавз

pool

мошини алафдарав

lawn mower

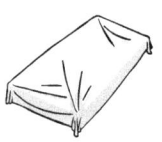

варақ

sheet

кампал

bedspread

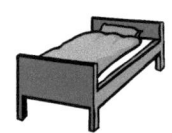

кат

bed

ҷорӯб

broom

сатил

bucket

калид

switch

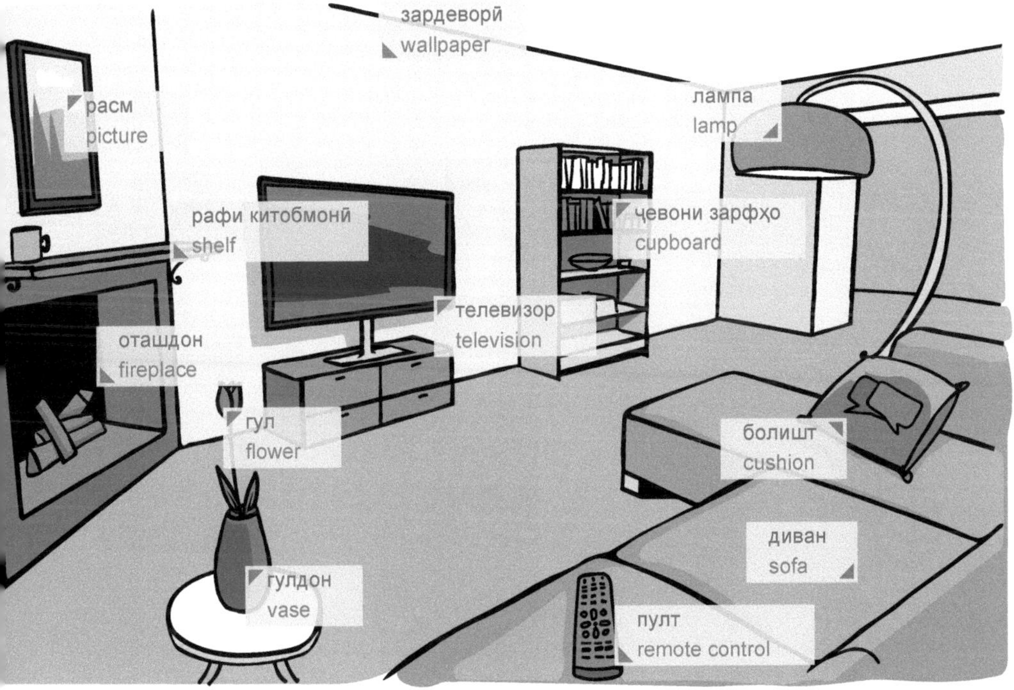

зардеворй
wallpaper

расм
picture

лампа
lamp

рафи китобмонй
shelf

чевони зарфҳо
cupboard

отащдон
fireplace

телевизор
television

гул
flower

болишт
cushion

гулдон
vase

диван
sofa

пулт
remote control

қолин

carpet

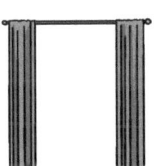

парда

curtain

мизи

table

курсй

chair

rocking кафедраи

rocking chair

курсй

armchair

китоб

book

курпа

blanket

ороиш

decoration

ҳезум

firewood

филм

film

дастгоҳи hi-fi

hi-fi equipment

калид

key

рӯзнома

newspaper

расм

painting

эълон

poster

радио

radio

китобчаи қайдҳо

notepad

чангкашак

hoover

кактус

cactus

шам

candle

34

ошхона
kitchen

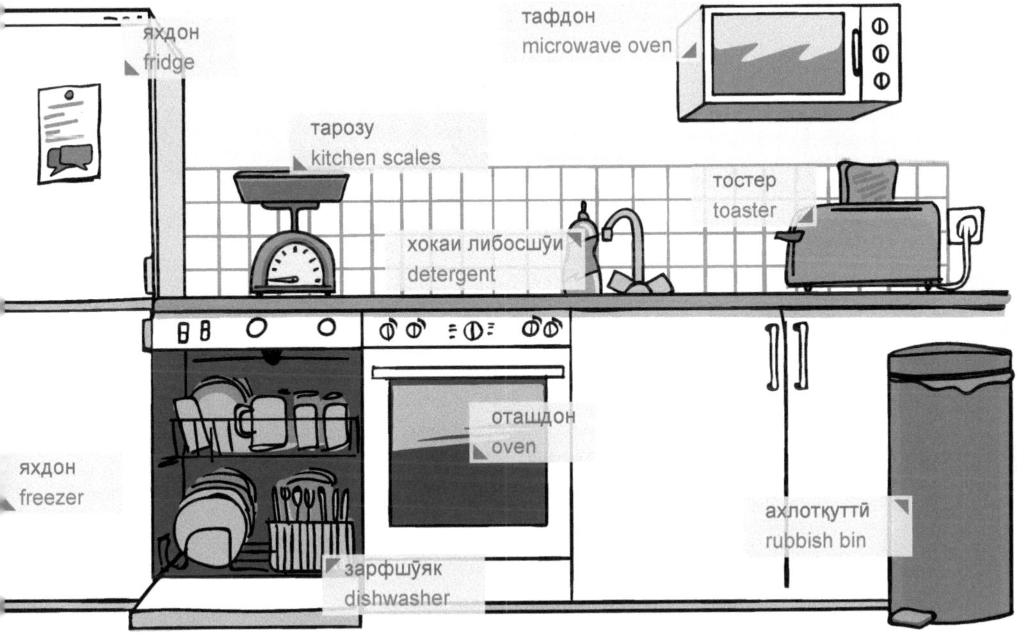
яхдон
fridge
тафдон
microwave oven
тарозу
kitchen scales
тостер
toaster
хокаи либосшӯи
detergent
отащдон
oven
яхдон
freezer
ахлотқуттӣ
rubbish bin
зарфшӯяк
dishwasher

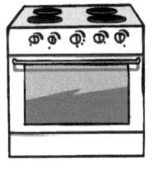

плита

cooker

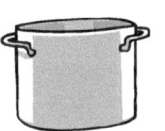

тубак

pot

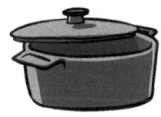

дег

cast-iron pot

дег / кадй

wok / kadai

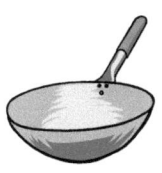

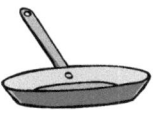

тоба

pan

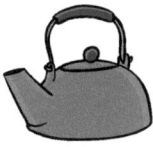

чойник

kettle

steamer

steamer

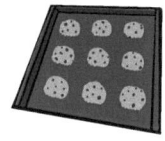

лист

baking tray

зарф

crockery

кружка

mug

коса

bowl

чубаки хурокхӯрй

chopsticks

кафлези

ladle

кафлези ҳамвор

spatula

whisk

whisk

strainer

strainer

элак

sieve

турбтарошак

grater

миномет

mortar

Кабоб Кардан

barbecue

оташ кушод

open fire

тахтаи резакунй

chopping board

чӯба

rolling pin

пӯккашак

corkscrew

банка

can

консервокушояк

can opener

дастак

pot holder

дастшӯяк

sink

чӯтка

brush

исфанҷ

sponge

блендер

blender

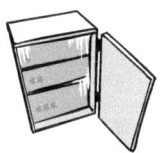

сармодон

deep freezer

шишача

baby bottle

ҷумак

tap

ҳамом

bathroom

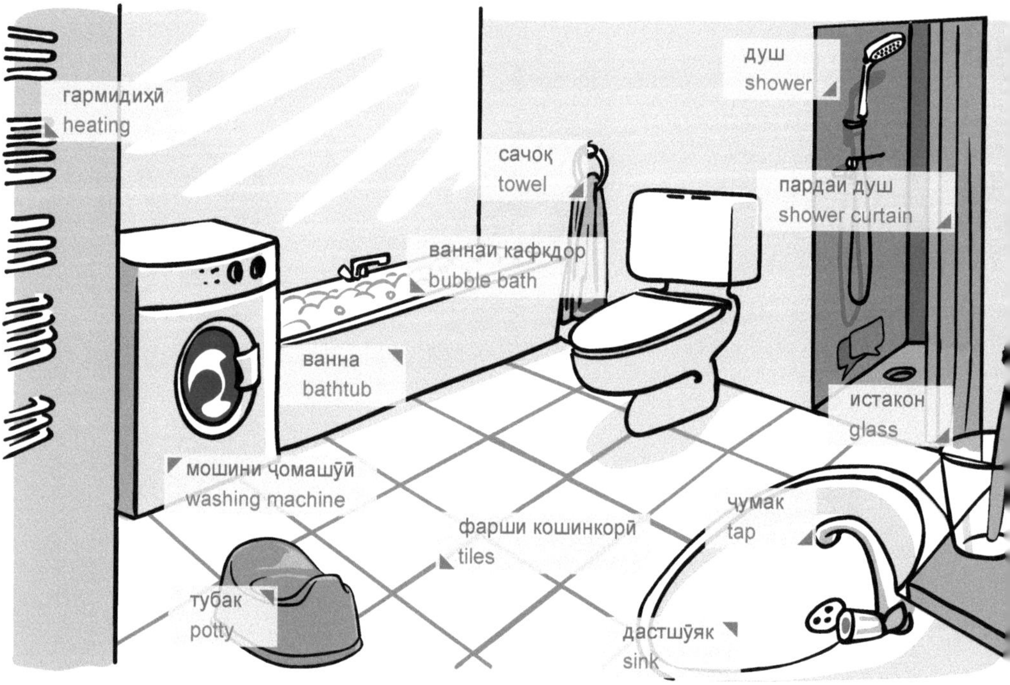
гармидиҳӣ
heating
душ
shower
сачоқ
towel
пардаи душ
shower curtain
ваннаи кафкдор
bubble bath
ванна
bathtub
истакон
glass
мошини ҷомашӯӣ
washing machine
чумак
tap
фарши кошинкорӣ
tiles
тубак
potty
дастшӯяк
sink

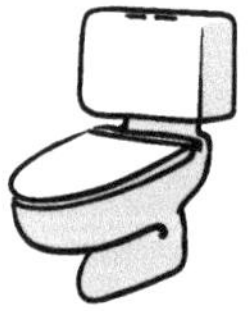

ҳоҷатхона

toilet

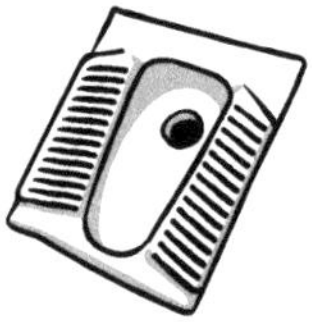

нишастгоҳи халоҷои рӯйфаршӣ

squat toilet

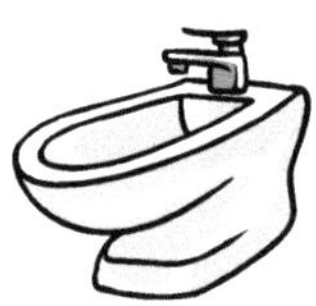

биде

bidet

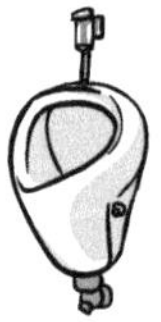

ҳоҷатхонаи мардона

urinal

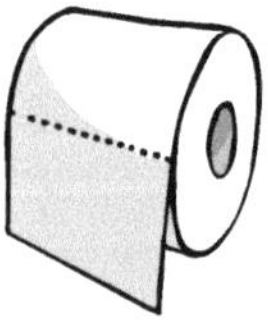

коғази ташноб

toilet paper

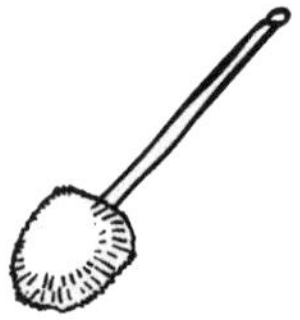

чӯткаи ҳоҷатхона

toilet brush

дандоншӯяк

toothbrush

хамираи дандоншӯи

toothpaste

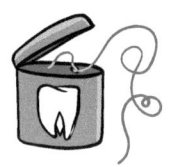

риштаи дандонтозакунӣ

dental floss

шӯстан

wash

души дастӣ

handheld shower

обшӯй

douche

ҳавза

basin

шона кардани мӯй

back brush

собун

soap

гел барои душ

shower gel

шампун

shampoo

бумазӣ

flannel

заҳкаш

drain

крем

cream

дезодорант

deodorant

оина

mirror

оинаи дастӣ

hand mirror

риштарошаки барқи

razor

кафк барои риштарошӣ

shaving foam

оби мушкини баъди
риштарошӣ

aftershave

шона

comb

чӯтка

brush

мӯйхушкунак

hair dryer

лак барои мӯй

hairspray

косметика

makeup

лабсурхкунак

lipstick

лок барои нохун

nail varnish

пахта

cotton wool

қайчии нохунгирӣ

nail scissors

атриёт

perfume

ҷузвдони косметики

washbag

қазои ҳоҷат

stool

тарозу

weighing scale

хилъат

bathrobe

дастпӯшак резина

rubber gloves

тампон

tampon

дастмоли санитарӣ

sanitary towel

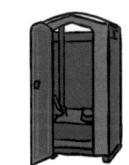

био-ҳоҷатхона

chemical toilet

ҳуҷраи кӯдакона

child's room

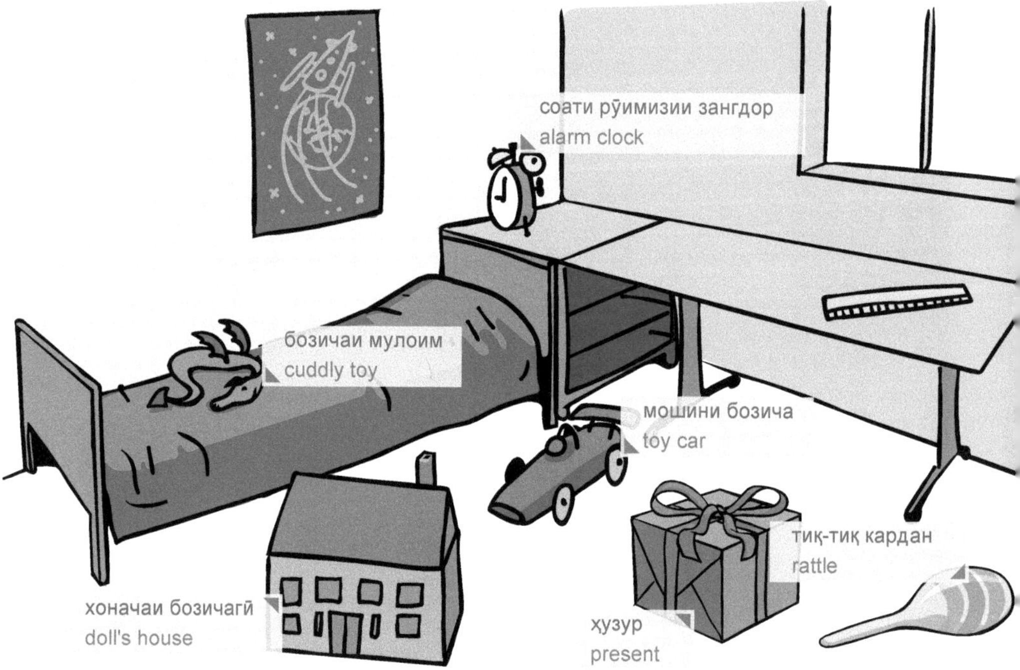
соати рӯимизии зангдор
alarm clock
бозичаи мулоим
cuddly toy
мошини бозича
toy car
тиқ-тиқ кардан
rattle
хоначаи бозичагӣ
doll's house
ҳузур
present

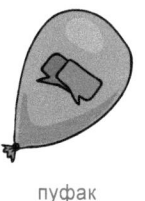

пуфак

balloon

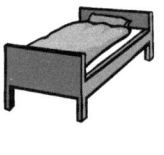

кат

bed

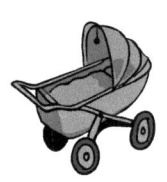

аробочаи кудакона

pram

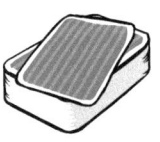

маҷмӯи кортҳо

deck of cards

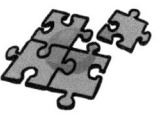

бозии муамоёбӣ

jigsaw

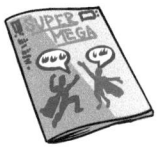

комикс

comic

хиштҳои лего

lego bricks

мағозаи бозичафурӯхтан

building blocks

рақам амал

action figure

либоси ғаваккашӣ

babygrow

фрисби

frisbee

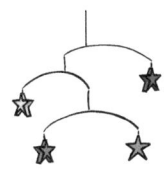

мобилӣ

mobile

лавҳачаи бозӣ

board game

кубик

dice

маҷмӯи модели қатора

model train set

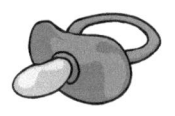

пистонак

dummy

ҳизб

party

китоби расм

picture book

тӯб

ball

лӯхтак

doll

бози кардан

play

қуттии рег

sandpit

арғунчак

swing

бозича

toys

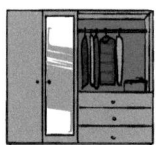

консоли бозиҳои видеой

video game console

велосипеди сечарха

tricycle

хирсаки бахмалии патдор

teddy bear

чевон

wardrobe

либос
clothing

чӯроб

socks

чӯроби соқбаланд

stockings

колготки

tights

гарданпеч
scarf

чатр
umbrella

футболка
t-shirt

тасма
belt

пойафзол
boots

шиппак
slippers

кроссовки
trainers

босоножкй
sandals

пойафзол
shoes

музаи резинй
rubber boots

турсй
underpants

синабанд
bra

майка
vest

либос - clothing

бадан

body

шим

trousers

чинс

jeans

юбка

skirt

куртаи нимтаи занона

blouse

курта

shirt

свитер

pullover

свитер

hoodie

пичак

blazer

нимтана

jacket

палто

coat

плаш

raincoat

костюм

costume

куртаи занона

dress

либос тӯйи

wedding dress

костюм

suit

куртаи хоб

nightgown

пижама

pyjamas

Сари

sari

рӯймол

headscarf

салла

turban

ниқобу

burqa

кафтан

kaftan

абая

abaya

либоси обозӣ

swimsuit

эзорчаи шиноварии мардона

trunks

шорти

shorts

либоси варзишӣ

tracksuit

пешбанд

apron

дастпӯшак

gloves

тугма

button

айнак

glasses

дастпона

bracelet

гарданбанд

necklace

ангуштарин

ring

гӯшвора

earring

кулоҳ

cap

либосовезак

coat hanger

кулоҳ

hat

галстук

tie

занҷирак

zip

тоскулоҳ

helmet

шимбардор

braces

либоси мактабӣ

school uniform

либоси

uniform

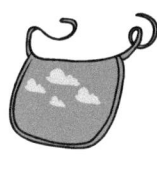

пешгир

bib

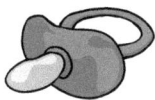

пистонак

dummy

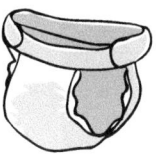

подгузник

nappy

идора

office

сервер
server
чевони ҳуҷҷатмонӣ
filing cabinet
принтер
printer
коғаз
paper
монитор
monitor
мушак
mouse
мизи хатнависӣ
desk
ҷузъгир
folder
клавиатура
keyboard
курсӣ
chair
сабади партофҳои коғазӣ
waste-paper basket
копютер
computer

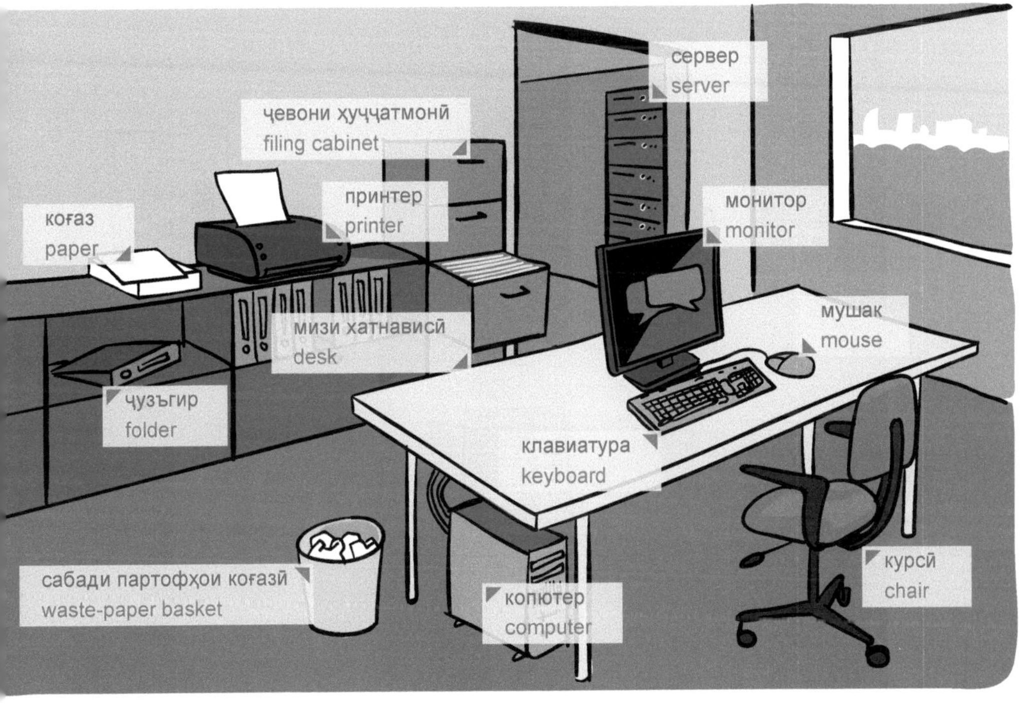

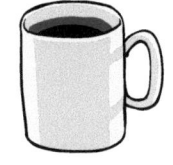

кружкаи қаҳванӯшӣ

coffee mug

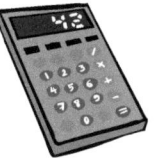

калкулятор

calculator

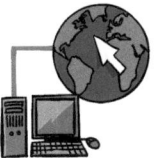

интернет

internet

ноутбук

laptop

мактуб

letter

хабар

message

телефони мобилй

mobile

шабака

network

нусхабардор

photocopier

нармафзор

software

телефон

telephone

розетка

plug socket

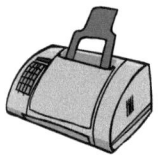

факс

fax machine

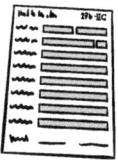

шакл

form

ҳуҷҷат

document

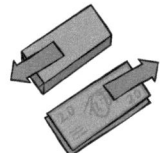

харидан

buy

пардохт

pay

савдо

trade

пул

money

доллар

dollar

евро

euro

йен

yen

рубл

rouble

франки швейцариягӣ

Swiss franc

юан

renminbi yuan

рупй

rupee

нуқтаи нақд

cashpoint

нуқтаи мубодилаи асъор

bureau de change

тилло

gold

нуқра

silver

равғани растанй

oil

энерги

energy

нарх

price

шартнома

contract

андоз

tax

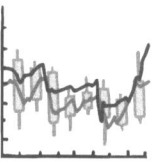

саҳмия

stock

кор

work

хизматчй

employee

соҳибкор

employer

завод

factory

сехи

shop

касбҳо
occupations

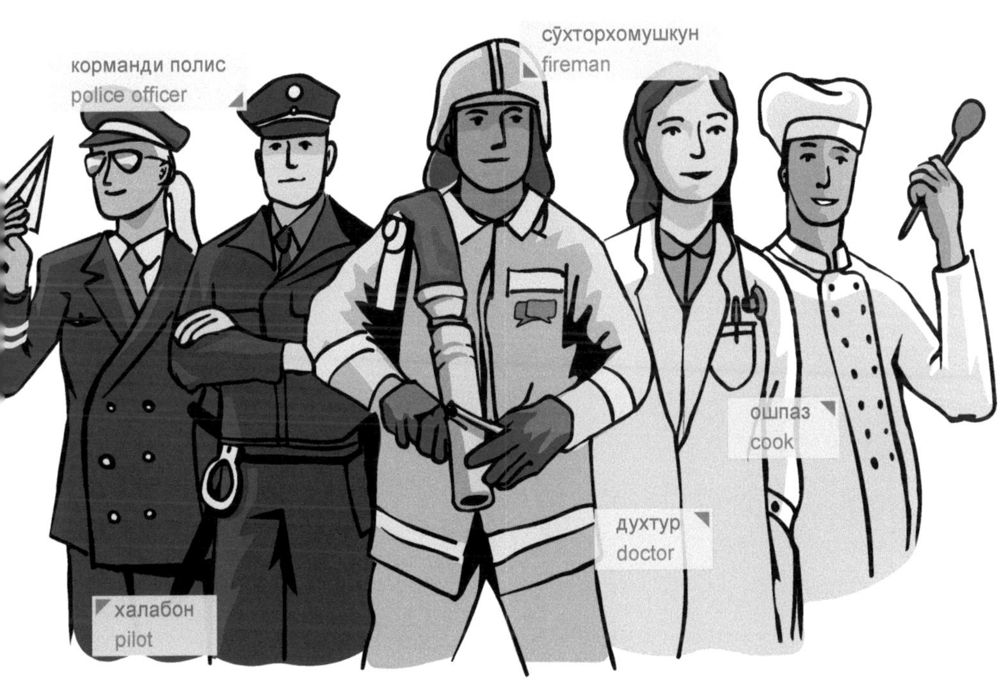
корманди полис
police officer
сӯхторхомушкун
fireman
ошпаз
cook
духтур
doctor
халабон
pilot

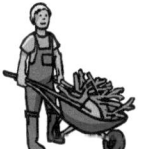

боғбон
gardener

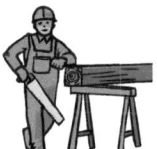

чӯбтарош
carpenter

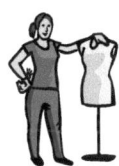

дӯзанда
seamstress

судя
judge

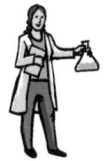

кимиёшинос
chemist

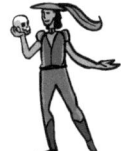

актер
actor

ронандаи автобус

bus driver

таксист

taxi driver

моҳигир

fisherman

фаррошзан

cleaning lady

устои бомпӯш

roofer

пешхизмат

waiter

шикорчӣ

hunter

расом

painter

нонвой

baker

барқ

electrician

сохтмончӣ

builder

инженер

engineer

қассоб

butcher

устои шабакаи об

plumber

хаткашон

postman

сарбоз

soldier

меъмор

architect

кассир

cashier

гулфурӯш

florist

сартарош

hairdresser

кондуктор

conductor

механик

mechanic

капатан

captain

духтури дандон

dentist

олим

scientist

хохом

rabbi

имом

imam

шайх

monk

саркоҳин

clergyman

асбобҳо
tools

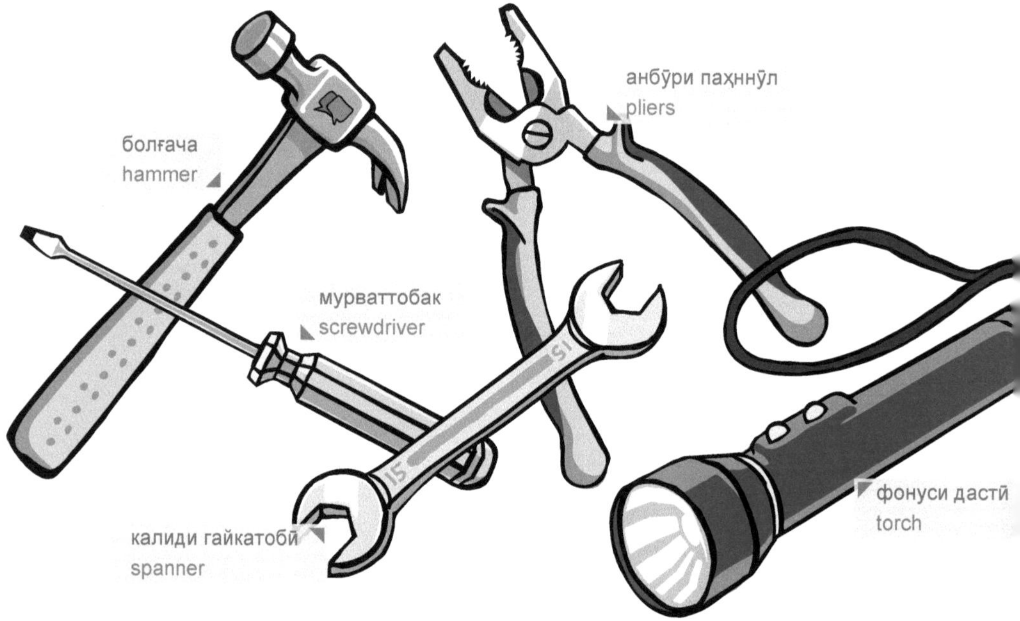
анбӯри паҳннӯл
pliers
болғача
hammer
мурваттобак
screwdriver
калиди гайкатобӣ
spanner
фонуси дастӣ
torch

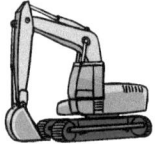

экскаватор

digger

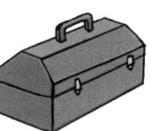

қутии асбобҳо

toolbox

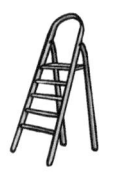

зинапоя

ladder

арра

saw

мехҳо

nails

пармаи электрикӣ

drill

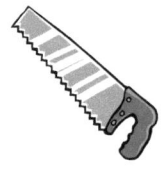

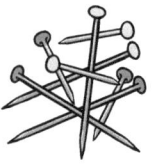

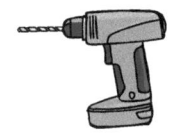

таъмир

repair

бел

shovel

Сабил монад!

Damn!

белчаи хокрӯбагирӣ

dustpan

сатили ранг

paint pot

мехи печдор

screws

асбобҳои мусиқӣ
musical instruments

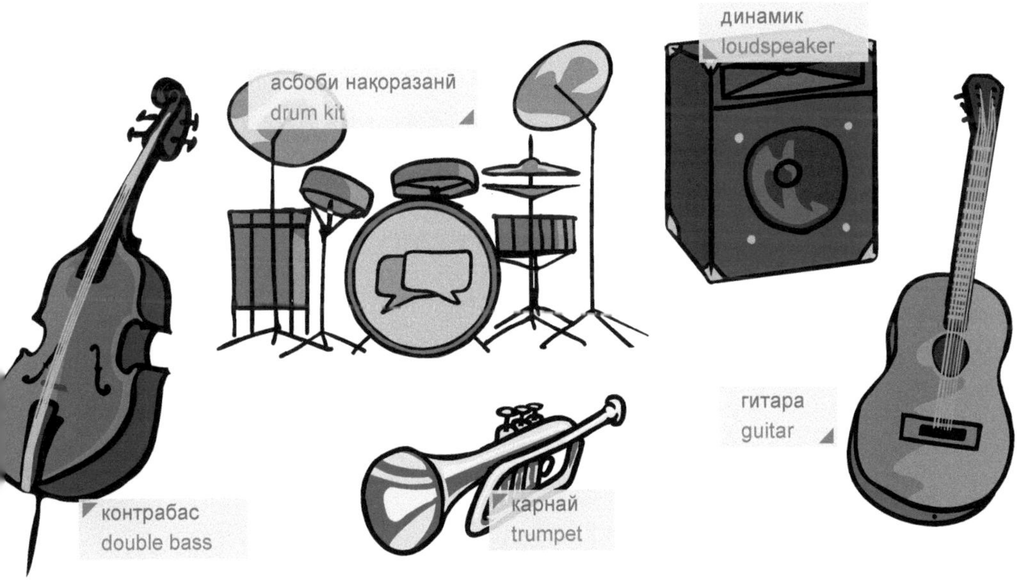

асбоби нақоразанӣ
drum kit

динамик
loudspeaker

гитара
guitar

контрабас
double bass

карнай
trumpet

пианино

piano

ғиччак

violin

бас-гитара

bass

нақораи поядор

timpani

нақора

drums

клавиатура

keyboard

саксофон

saxophone

най

flute

баландгӯяд

microphone

боғи ҳайвонот

zoo

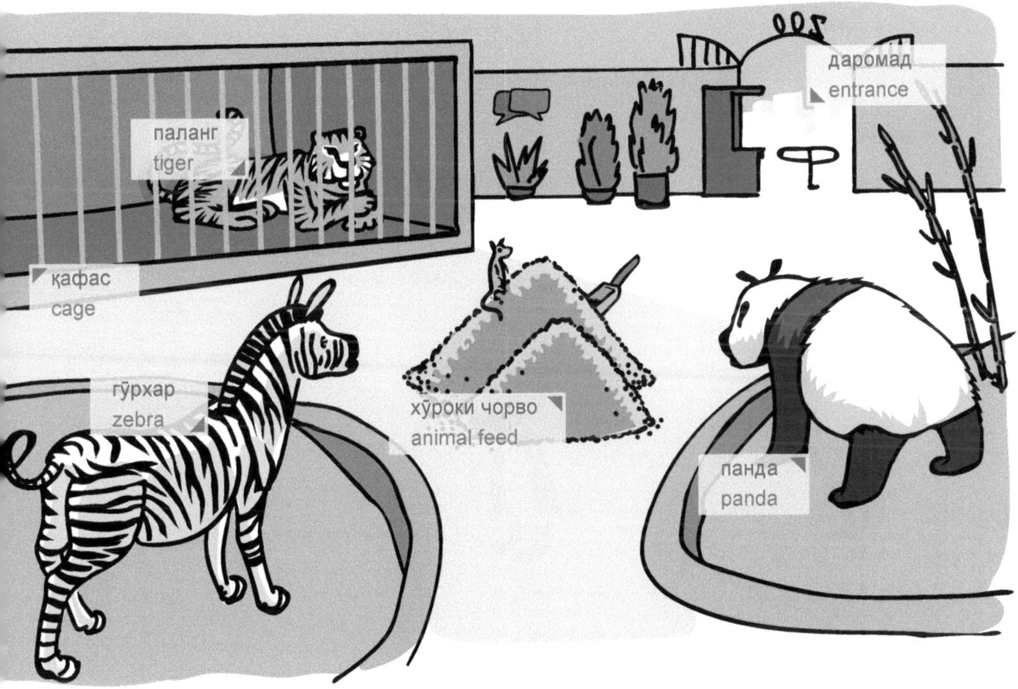
даромад
entrance
паланг
tiger
қафас
cage
гӯрхар
zebra
хӯроки чорво
animal feed
панда
panda

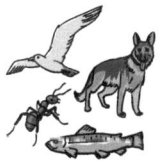

ҳайвонот
animals

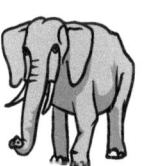

фил
elephant

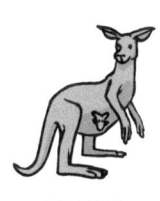

кенгуру
kangaroo

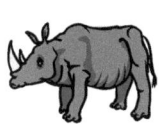

каркадан
rhino

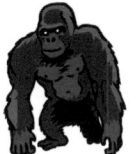

горилла
gorilla

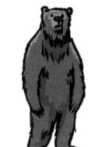

хирси бӯр
bear

шутур

camel

шутурмурғ

ostrich

шер

lion

маймун

monkey

бутимор

flamingo

тӯти

parrot

хирси сафед

polar bear

пингвин

penguin

наҳанг

shark

товус

peacock

мор

snake

тимсоҳ

crocodile

посбон

zookeeper

сил

seal

ягуар

jaguar

аспи кӯтоҳқад

pony

леопард

leopard

баҳмут

hippo

заррофа

giraffe

уқоб

eagle

хуки ваҳшӣ

boar

моҳӣ

fish

сангпушт

turtle

морж

walrus

рӯбоҳ

fox

ғизол/оҳу

gazelle

футболи амрикои
American football

велосипедронӣ
cycling

теннис
tennis

баскетбол
basketball

шиноварӣ
swimming

бокс
boxing

хоккей
ice hockey

футбол
football

бадмингтон
badminton

атлетика
athletics

гандбол
handball

лижаронӣ
skiing

тӯббозӣ бо асп
polo

ханда
laugh

паридан
jump

оғӯш гирифтан
hug

пиёда рафтан
walk

шеър хондан
sing

орзӯ кардан
dream

ибодат кардан
pray

бӯса кардан
kiss

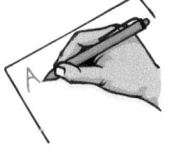

навиштан

write

кашидан

draw

нишон додан

show

тела додан

push

додан

give

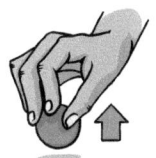

гирифтан

take

доранд

have

кор

do

бошад

be

истодан

stand

давидан

run

кашидан

pull

партофтан

throw

афтидан

fall

дароз кашидан

lie

интизор шудан

wait

бардошта бурдан

carry

нишастан

sit

либос пӯшидан

get dressed

хобин

sleep

бедор шудан

wake up

нигоҳ кардан

look at

гиря кардан

cry

сила кардан

stroke

шона

comb

гап задан

talk

фаҳмидан

understand

пурсидан

ask

гӯш кардан

listen

нӯштдан

drink

хӯрдан

eat

ғундоштан

tidy up

ишқ

love

ошпаз

cook

рондан

drive

парвоз кардан

fly

бо бодбон ҳаракат кардан
sail

ҳисоб кардан
calculate

хондан
read

омӯхтан
learn

кор
work

оиладор шудан
marry

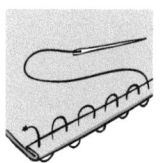

дӯхтан
sew

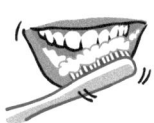

дадон шӯстан
brush teeth

куштан
kill

дуд
smoke

фиристодан
send

оила
family

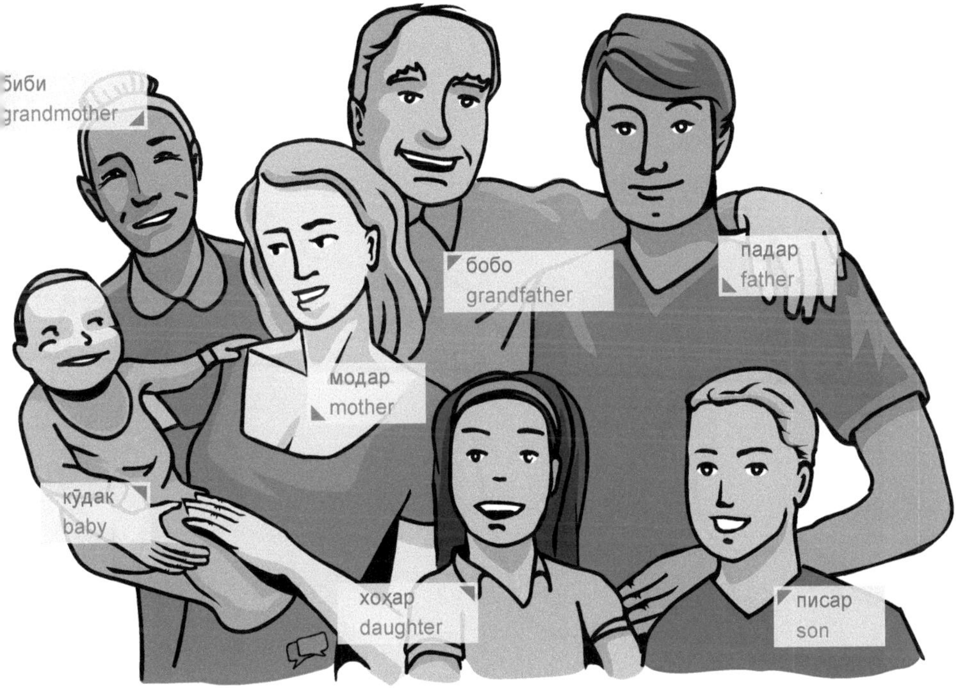

биби
grandmother
бобо
grandfather
падар
father
модар
mother
кӯдак
baby
хоҳар
daughter
писар
son

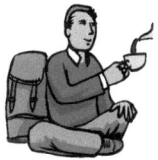

меҳмон

guest

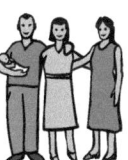

хола

aunt

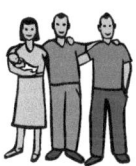

амак

uncle

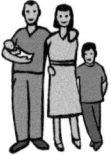

бародар

brother

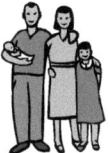

хоҳар

sister

бадан
body

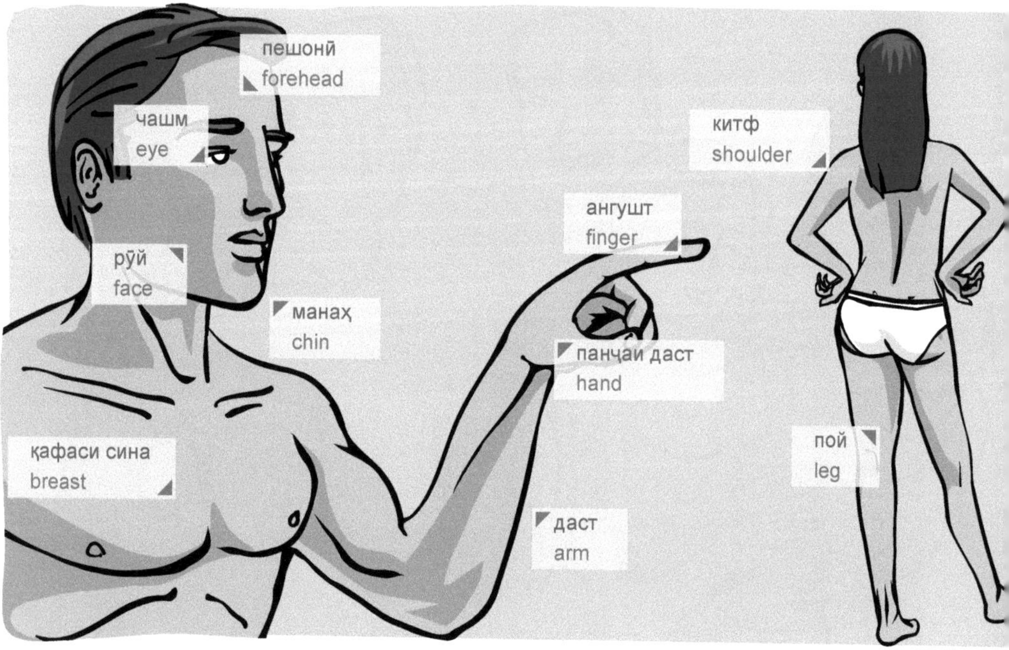

пешонӣ
forehead

чашм
eye

китф
shoulder

ангушт
finger

рӯй
face

манаҳ
chin

панҷаи даст
hand

қафаси сина
breast

пой
leg

даст
arm

кӯдак

baby

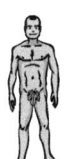

мард

man

зан

woman

духтар

girl

писар

boy

сар

head

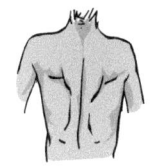

пушт

back

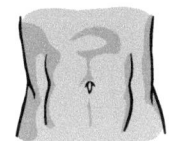

шикам

belly

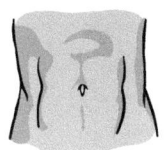

ноф

belly button

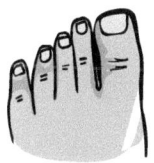

ангушти пой

toe

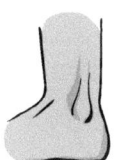

пошнаи пой

heel

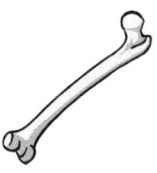

устухон

bone

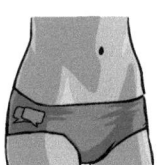

рон

hip

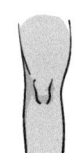

зону

knee

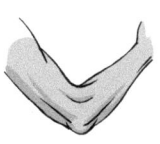

оринҷ

elbow

бинӣ

nose

таг

bottom

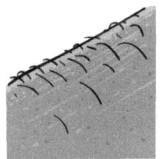

пӯст

skin

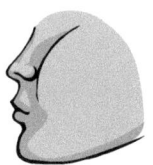

рухсора

cheek

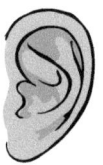

гӯш

ear

лаб

lip

бадан - body

даҳон

mouth

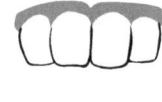

дадон

tooth

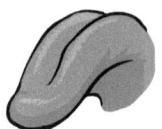

забон

tongue

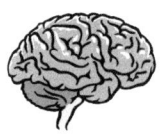

майнаи сар

brain

дил

heart

мушак

muscle

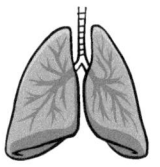

шуш

lung

ҷигар

liver

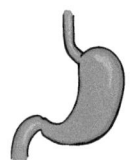

меъда

stomach

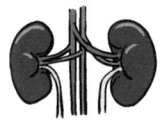

гурдаҳо

kidneys

алоқаи ҷинсӣ

sex

рифола

condom

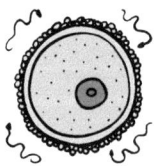

тухмҳуҷайра

ovum

нутфа

semen

ҳомиладорӣ

pregnancy

бадан - body

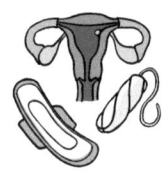

ҳайз

menstruation

маҳбал

vagina

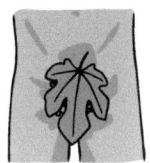

кер

penis

абрӯ

eyebrow

мӯй

hair

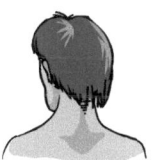

гардан

neck

бемористон
hospital

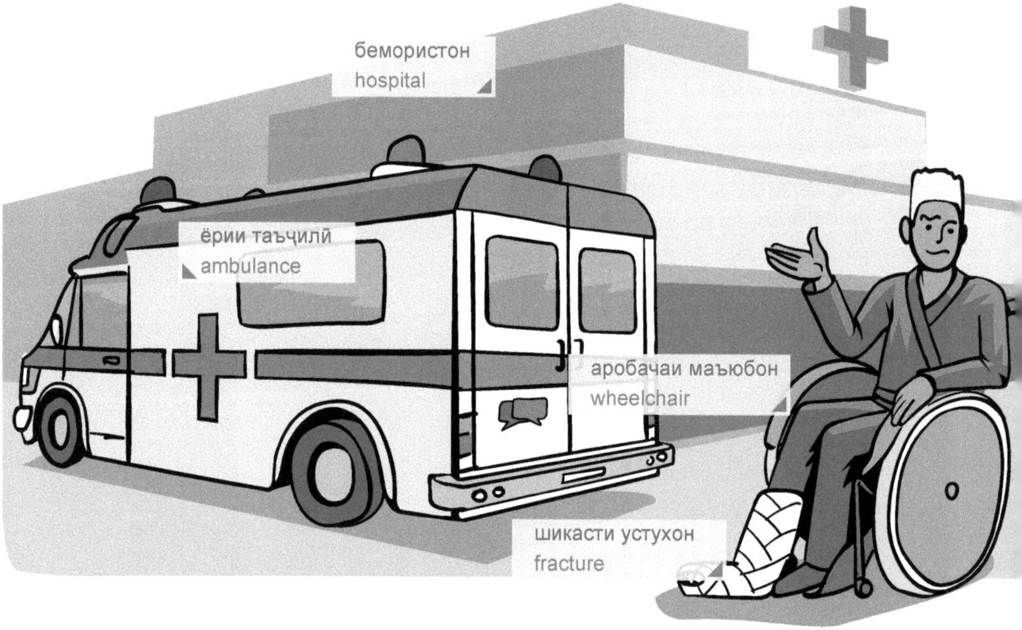

бемористон
hospital
ёрии таъҷилӣ
ambulance
аробачаи маъюбон
wheelchair
шикасти устухон
fracture

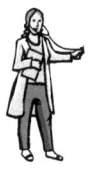

духтур

doctor

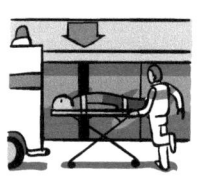

ҳуҷраи ёрии фаврӣ

emergency room

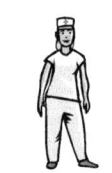

ҳамшираи тиббӣ

nurse

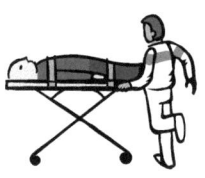

ҳолати фавқулодда

emergency

беҳуш

unconscious

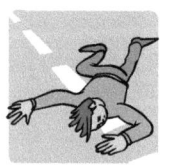

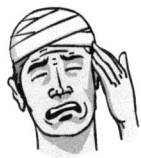

дард

pain

ҷароҳат

injury

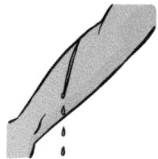

хунравӣ

bleeding

дилзанак

heart attack

сактаи майна

stroke

аллергия

allergy

сулфа

cough

табларза

fever

грипп

flu

шикамравӣ

diarrhoea

сардард

headache

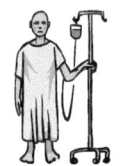

саратон

cancer

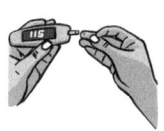

диабет

diabetes

ҷарроҳ

surgeon

скалпел

scalpel

ҷарроҳӣ

operation

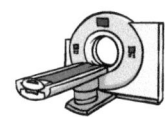

Томографияи компютерӣ

CT

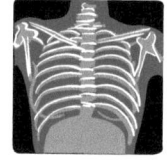

шӯъои ренгенӣ

x-ray

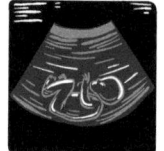

ултрасадо

ultrasound

ниқоби рӯй

face mask

беморӣ

disease

ҳуҷраи интизорӣ

waiting room

асобағал

crutch

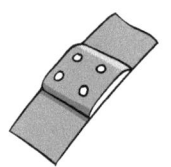

марҳам

plaster

дока

bandage

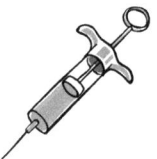

сӯзандору

injection

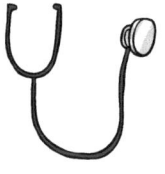

стетоскоп

stethoscope

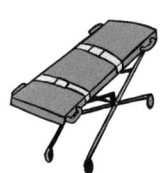

занбар

stretcher

ҳароратсанҷ

clinical thermometer

таваллуд

birth

вазни зиёдатӣ

overweight

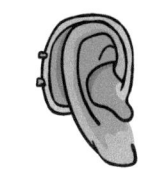

тачхизоти шунавой

hearing aid

моддаи безараргардонй

disinfectant

инфексия

infection

вирус

virus

ВИЧ / СПИД

HIV / AIDS

дору

medicine

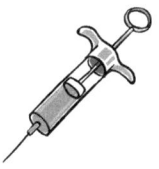

ваксинатсия

vaccination

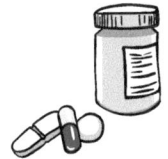

ҳабҳо

tablets

ҳаб

pill

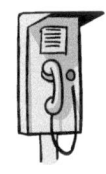

занги изтирорй

emergency call

монитори фишори хун

blood pressure monitor

бемор/солим

ill / healthy

Кумак!

Help!

ҳушдор

alarm

хуҷум

assault

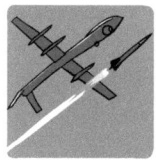

ҳамла

attack

хатар

danger

баромадгоҳи таҳлиявй

emergency exit

Сӯхтор!

Fire!

оташнишон

fire extinguisher

садама

accident

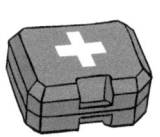

дорукуттй

first-aid kit

бонги хатар

SOS

полис

police

Аврупо

Europe

Америкаи Шимолй

North America

Америкаи Ҷанубй

South America

Африка

Africa

Осиё

Asia

Австралия

Australia

Уқёнуси Атлантик

Atlantic

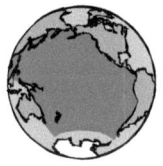

Уқёнуси Ором

Pacific

Уқёнуси Ҳинд

Indian Ocean

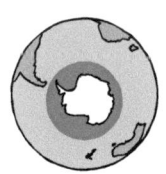

Уқёнуси Антарктика

Antarctic Ocean

Уқёнуси Арктика

Arctic Ocean

Қутби шимол

North Pole

Қутби ҷануб

South Pole

Антарктика

Antarctica

замин

Earth

замин

land

баҳр

sea

ҷазира

island

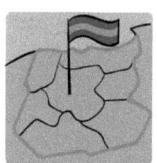

миллат

nation

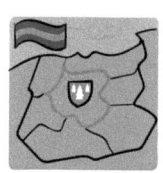

давлат

state

сиферблат

clock face

ақрабаки соат

hour hand

ақрабаки дақиқашумор

minute hand

ақрабаки сонияшумор

second hand

Соат чанд?

What time is it?

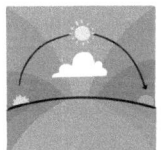

рӯз

day

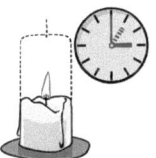

замон

time

ҳозир

now

соати электронй

digital watch

лаҳза

minute

соат

hour

душанбе
Monday

чоршанбе
Wednesday

ҷумъа
Friday

шанбе
Saturday

сешанбе
Tuesday

панчшанбе
Thursday

якшанбе
Sunday

дирӯз
yesterday

имрӯз
today

фардо
tomorrow

пагоҳирӯзӣ
morning

нимрӯз
noon

шом
evening

рӯзҳои корӣ
business days

истироҳат
weekend

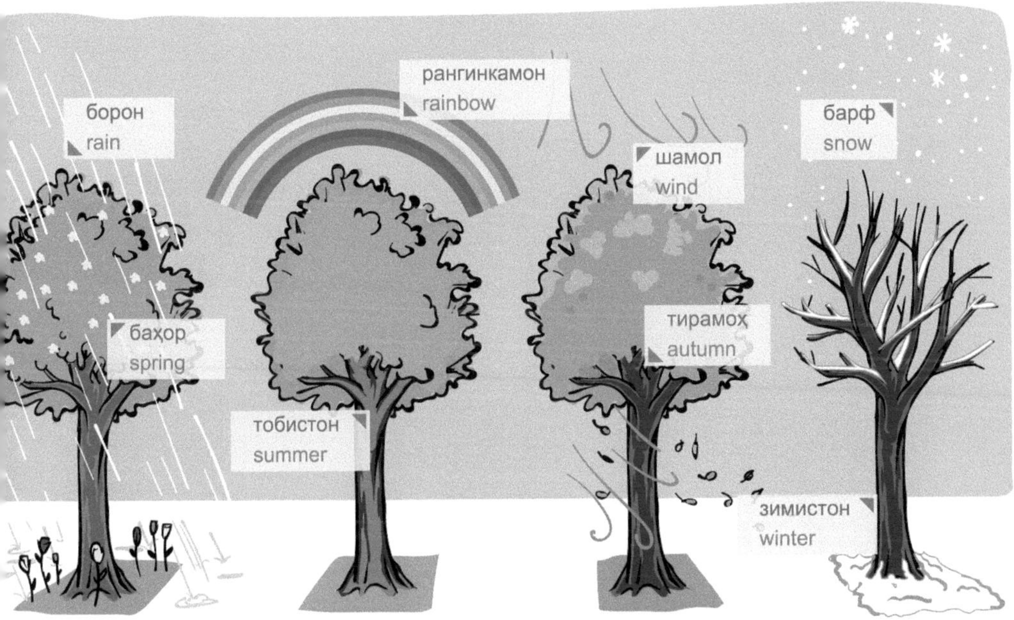

борон
rain
рангинкамон
rainbow
шамол
wind
барф
snow
баҳор
spring
тобистон
summer
тирамоҳ
autumn
зимистон
winter

4.APRIL 11°
5.APRIL 4°
6.APRIL 13°
7.APRIL 8°
8.APRIL 10°

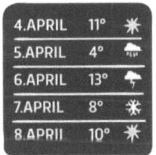

Обу ҳаво

weather forecast

F
C
120
90
60
30
0
-30
40
30
20
10
0
-10
-20

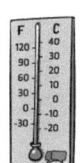

ҳароратсанҷ

thermometer

равшании офтоб

sunshine

абр

cloud

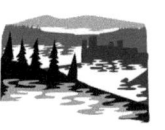

туман

fog

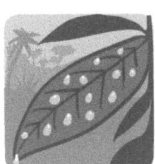

намнок

humidity

барқ

lightning

тундар

thunder

тӯфон

storm

жола

hail

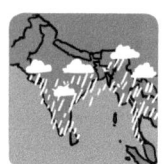

муссон

monsoon

обхезй

flood

ях

ice

январ

January

феврал

February

март

March

апрел

April

май

May

июн

June

июл

July

август

August

сол - year

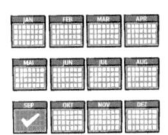

сентябр
....
September

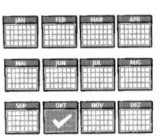

октябр
....
October

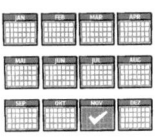

ноябр
....
November

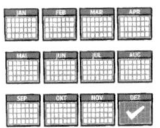

декабр
....
December

давра
....
circle

мураббаъ
....
square

росткуньа
....
rectangle

секуньа
....
triangle

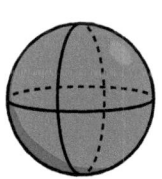

соньаи
....
sphere

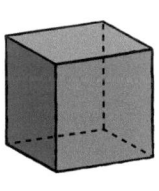

мукааб
....
cube

рангхо
colours

гулобӣ
....
white

хокистаранг
....
yellow

зард
....
orange

бунафшранг
....
pink

сурх
....
red

қаҳваранг
....
purple

кабуд
....
blue

сиёҳ
....
green

кабуд
....
brown

сафед
....
grey

сабз
....
black

бисёр/кам

a lot / a little

хашмгин / ором

angry / calm

зебо/безеб

beautiful / ugly

оғози / охири

beginning / end

калон/хурд

big / small

дурахшон / торик

bright / dark

бародари / хоҳар

brother / sister

тоза/чиркин

clean / dirty

пурра / нопурра

complete / incomplete

рӯзи / шаб

day / night

мурдагон / зинда

dead / alive

кушод/танг

wide / narrow

хӯрданӣ /
хӯрданашаванда
edible / inedible

бад/нек

evil / kind

ба ҳаяҷон / дилгир

excited / bored

ғавс/борик

fat / thin

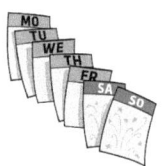

якум/охирин

first / last

Дӯсти / душмани

friend / enemy

пур/холӣ

full / empty

сахт/мулоим

hard / soft

вазнин/сабук

heavy / light

гуруснагӣ / ташнагӣ

hunger / thirst

бемор/солим

ill / healthy

ғайриқонунӣ / ҳуқуқӣ

illegal / legal

соҳибақл / беақл

intelligent / stupid

рост/чап

left / right

наздик/дур

near / far

ави / истифода бурда
мешавад
....
new / used

ҳеҷ / чизе
....
nothing / something

пир/ҷавон
....
old / young

оид / хомӯш
....
on / off

кушода/пӯшида
....
open / closed

паст/баланд
....
quiet / loud

бой/камбағал
....
rich / poor

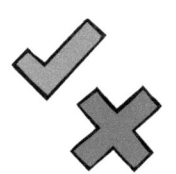

дуруст/нодуруст
....
right / wrong

дурушт/ҳамвор
....
rough / smooth

ғамгин/хушбахт
....
sad / happy

кӯтоҳ/дароз
....
short / long

оҳиста/тез
....
slow / fast

тар/хушк
....
wet / dry

гарм / сард
....
warm / cool

ҷанг / сулҳ
....
war / peace

0	**1**	**2**
нол	як	ду
zero	one	two

3	**4**	**5**
се	чор	панҷ
three	four	five

6	**7**	**8**
шаш	ҳафт	ҳашт
six	seven	eight

9	**10**	**11**
нӯҳ	даҳ	ёздаҳ
nine	ten	eleven

12

дувоздаҳ

twelve

13

сенздаҳ

thirteen

14

чордаҳ

fourteen

15

понздаҳ

fifteen

16

шонздаҳ

sixteen

17

ҳабдаҳ

seventeen

18

ҳаждаҳ

eighteen

19

нуздаҳ

nineteen

20

бист

twenty

100

сад

hundred

1.000

ҳазор

thousand

1.000.000

миллион

million

англисӣ

English

англисии амрикой

American English

мандарини хитой

Chinese Mandarin

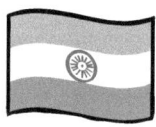

ҳиндӣ

Hindi

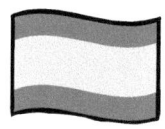

испанӣ

Spanish

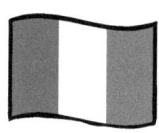

фаронсавӣ

French

арабӣ

Arabic

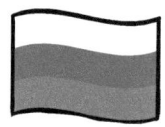

русӣ

Russian

португалӣ

Portuguese

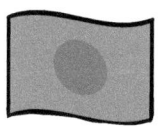

бенгалӣ

Bengali

олмонӣ

German

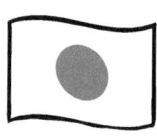

ҷопонӣ

Japanese

ман

I

шумо

you

Ӯ / вай / он

he / she / it

мо

we

шумо

you

онҳо

they

ки?

who?

чй?

what?

Чй хел?

how?

дар куҷо?

where?

кай?

when?

ном

name

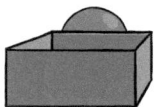

аз паси

behind

дар

in

дар пеши

in front of

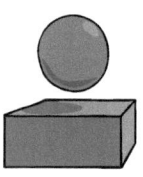

дар болои

over

дар рӯи

on

дар зери

under

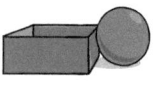

дар назди

beside

миёни

between

чой

place